LE MINISTRE SANS REPROCHE.

Par le P. PIERRE LE MOINE, *de la Compagnie de* IESVS.

A PARIS.
Chez MATHVRIN & IEAN HENAVLT, ruë S. Iacques, à l'Ange Gardien.

M. D.C. XLV.

Auec Priuilege du Roy.

AV LECTEVR.

IL y a de l'Antique & du Moderne en cette piece. La Politique y eſt peinte & figurée, & les Dogmes y ſont de la couleur & de la façon des Eloges. Le Miniſtre que j'y repreſente, n'eſt pas vn Portrait deſſiné à fantaiſie, & fait au hazard & par rencontre. Il eſt de la maniere & ſelon les regles des Anciens Maiſtres : il eſt tiré aprés vn Modele qui a l'Approbation generale, & qui eſt de ces Originaux acheuez & reguliers, dont il ne ſe peut faire que de bonnes Copies. Si ces Originaux & ces Modeles ſont generalement neceſſaires à toutes les Sciences pratiques ; ils le ſont encore plus particulierement à la Poëſie, dont la fonction principale, eſt d'inſtruire & de purifier par images. Mais la difficulté eſt grande, d'en treuuer qui ne bleſſent point les yeux ſçauans ; qui ne laiſſent rien à faire aux Critiques ; qui puiſſent eſtre propoſez ſans déguiſement & ſans flatterie. Xenophon qui eſtoit vn Philoſophe d'épée, a laiſsé deux Portraits du Prince parfait : Il en tira l'vn ſur vn Roy de Sparte ſon Protecteur & ſon Amy, & copia l'autre aprés la Memoire du grand Cyrus, qui viuoit cent ans auant luy ; encore fallût-il qu'il ajouſtaſt beaucoup au naturel ; & ſon Hiſtoire quoy que ſimple & modeſte, ne s'abſtint pas du fard & des couleurs de la Rhetorique. Le Diacre Agapete voulant donner au Public vn ſemblable ouurage, s'adreſſa à l'Empereur Iuſtinian qui viuoit de ſon temps ; & le choiſit pour modele du Prince qu'il nous a laiſsé dans vne Lettre, que les Grecs ſemblent auoir couronnée, par le titre de Royale, le, qu'ils luy ont donné. Mais certes le naturel estoit bien au dessous du Portrait : & si l'Histoire secrette de Procope n'est vne Histoire médisante, on peut dire que le Prince d'Agapet copié sur Iustinian, est vn homme blanc tiré aprés vn More. Pour n'alleguer que de bons exemples ; & ne parler point du Prince de Machiauel, qui a esté le corrupteur de la Politique, & le mauuais Genie de toutes les Cours Chrestiennes ; de la memoire de nos Peres, Thomas Morus entreprit de peindre vne Republique parfaite, & n'en treuuant point de patron sur la Carte, il alla chercher son Vtopie au Pays des visions & des belles Idées. Ayant à faire la Peinture d'vn Ministre capable & Homme de bien, il m'a esté necessaire de trauailler aprés vn Modele comme ont fait tous les autres : Mais il ne m'a pas esté necessaire d'en ressusciter vn de l'Histoire, ny de produire sous ce titre vn Phantosme de ma façon. Noſtre Siecle a ſes Sages, comme les Siecles paſſez ont eu les leurs. Il laiſſera des Exemplaires auſſi celebres qu'il en a receus; & celuy que mon inclination particuliere a choiſi ſur l'eſtime publique, eſt de ces parfaits dont l'imitation ne peut eſtre fautiue. C'eſt vn grand aduantage à vn Ouurier de ma ſorte, d'auoir à trauailler aprés vne teſte qui n'a point de deffauts à farder; de pouuoir faire vn bon portrait ſans eſtre flatteur; de n'auoir à peindre que des Vertus toutes pures & ſans ſophiſmes; de n'auoir à dire que des veritez agreables & inſtructiues. Ie dois cét auantage à mon Modele, & auec cét auantage, ie luy dois tout ce que ma beſongne a de plus regulier & de plus iuſte. Il ne s'y remarquera rien de faux, ny de diſſemblable; rien de contraire à la Nature, ny à la maniere des Anciens. Ils nous ont tracé les qualitez & les vertus du Miniſtre, ie les ay tirées aprés eux, & me ſuis contenté d'y mettre du mien les iours & les ombrages. Tout cela au reſte eſt en petit, & dans la briefueté que les Anciens ont obſeruée aux œuures de cette nature. Le Prince du Diacre Agapet n'eſt qu'vne Lettre ; celuy d'Iſocrate, celuy de Dyon Chryſoſtome, celuy de Syneſius, ne ſont que de peu de fueilles. Et au iugement de ceux qui l'entendent, cette Lettre & ce peu de fueilles en diſent plus, que tous les gros volumes des Politiques d'Allemagne. Certes auſſi il eſt tres-iuſte, de reſpecter les affaires, & de ménager le loiſir des perſonnes Publiques. Toutes les heures de leur vie ſont pleines & occupées : & ſi quelqu'vn a dit qu'il n'y auoit point de iours de Feſte pour eux, il ne faut pas attendre qu'ils en ayent de reſerue pour les Importuns de viue voix, & les Importuns par eſcrit. Il faudroit, s'il y auoit moyen, ne leur parler que par des ſignes abbregez, & par des expreſſions generales & pareilles à celles qui ſont propres des purs Eſprits. Il faudroit au moins, qu'il y euſt par tout, comme en la Chine, vne Langue particulierement deſtinée à traitter auec eux: Et encore cette Langue à mon ſens, deuroit eſtre auſſi courte que celle de l'ancienne Sparte, où il ſe faiſoit des Harangues de deux mots, & des Lettres d'vne ſyllabe.

LE

LE MINISTRE SANS REPROCHE A MONSEIGNEVR LE PRESIDENT DE BAILLEVL SVR-INTENDANT DES FINANCES, & Chancelier de la Reyne Regente.

INISTRE sans defaut, BAILLEVL *à qui la France*
A confié son Sang & commis sa Substance;
Au moins pour un moment suspens les nobles soins,
Que t'imposent pour nous ta Charge & nos besoins;
Et joüis de ta Gloire, en ces vers exprimée,
Sur le Tableau qu'a fait de toy la Renommée.
C'est aprés tes Vertus, c'est aprés ton Portrait,
Que i'entreprens de peindre un Ministre parfait.

Et pour tes Succeſſeurs, en ce nouuel Ouurage
Ie trace vn Exemplaire en traçant ton Image.

I. La Naiſſance. *Celuy qui dans l'Eſtat, ſous le Prince & la Loy,*
De Nocher ſubalterne a le penible employ;
S'il n'eſt nay ſous vn Dais, & dedans vn Balluſtre,
Si ſon Berceau ne fut d'vne matiere illuſtre,
Doit au moins comme toy, BAILLEVL, *eſtre d'vn Sang*
Remarquable en couleur & releué de rang.
Mal-aiſément le Vice emporte la Nobleſſe:
Elle a plus de vigueur, elle a moins de molleſſe:
Les titres, les blaſons, & les marques d'honneur,
Sont vn puiſſant remede aux foibleſſes de cœur:
Et la corruption gaſte peu de perſonnes,
A l'ombre des Lauriers & deſſous des Couronnes.
Le Peuple ſouffre auſsi plus à l'aiſe le faix,
Et ſent moins les liens qu'vne main noble a fais;
Et iamais il ne plaint le culte ny l'hommage,
Que la Loy veut qu'il rende au Prince en ſon Image,
Quand elle eſt rare & belle; & que l'étoffe & l'art,
Monſtrent qu'elle n'eſt pas l'ouurage du Hazard;
Et que c'eſt par merite, & non pas par mépriſe
Qu'elle occupe la Baſe où la Faueur l'a miſe.
Il ſe plaint au contraire, & ſe plaint iuſtement,

Lors que pour habiller plus magnifiquement,
Ou pour mettre en couleur quelque Idole de boüe,
Que l'aueugle Fortune a faite ſur ſa roüe;
Lors que pour l'embellir, lors que pour la dorer
Pour luy donner du nom, pour la faire adorer,
Et couurir richement l'ordure qui la ſoüille,
Par mille inuentions le Public on dépoüille:
Et le Public auſsi qui n'eſt pas retenu,
Deteſte hautement ce Phantoſme inconnu;
Et iamais ne luy fait offrande ny Couronne
Qu'il ne meſle vne iniure à chaque Fleur qu'il donne.

Mais, BAILLEVL, *la Nobleſſe, & l'éclat du blaſon,* II. La Probité sãs fard.
La pureté du ſang, les Titres, la Maiſon,
N'ont ſans la Probité qu'vne lueur ſiniſtre,
Qui ne fait qu'éblouir le Peuple & le Miniſtre.
Qu'il ayt donc pour remplir & ſa charge & ſon rang,
La pureté du Cœur, comme celle du Sang:
Qu'il ſoit de bonnes mœurs, comme de bonne race;
Que du Vice par tout il éuite la trace;
Et malgré le torrent il ſuiue comme toy,
Les routes de l'Honneur & de la bonne Foy.
Que de ſes Peres morts, il reſpecte la gloire,
Qu'il garde de noircir leurs noms & leur memoire,

Qu'il craigne de mesler de la nuict à leur iour,
Qu'estant Aigle de race il ne viue en Vautour,
Et ne démente point par des mœurs vicieuses
D'vn illustre Ecusson les Deuises fameuses.
Il est honteux aussi d'auoir degeneré;
D'estre sous vn grand Titre vn Phantosme doré;
D'estre sur vn bel Arbre vne salle Chenille,
Qui met l'infection en sa propre famille;
D'estre né dans la Pourpre, & d'estre par ses meurs
Vne tigne à ronger l'honneur de ses Majeurs.
Or cette probité n'est pas vne pratique
De mines, de façons, d'imposture publique:
Elle n'enseigne pas à mesurer vn mot;
A reformer vn poil; à faire le deuot;
Et pour de menus gains, par vn infame vsage,
Couurir vn mauuais Cœur d'vn innocent Visage:
Comme font auiourd'huy nos Sophistes de meurs,
Qui sont tous composez de fard & de couleurs.
Aussi n'est-elle pas vne Comedienne:
Son front ne promet rien que l'action ne tienne:
Son Cœur est gouuerné par de iustes ressors,
Qui meuuent auec luy la montre du dehors:
Et constante en ses meurs, fidelle en ses paroles,
Sans adorer du temps les fragiles Idoles,

Sans

Sans immoler le Droit & le Pauure aux Puiſſans,
Elle donne aux Vertus tout ce qu'elle a d'encens.

III. La Fidelité enuers le Prince & le Public.

Le Miniſtre, BAILLEVL, *qui l'a pour Directrice,*
Suit en tout, comme toy, l'Honneur & la Iuſtice.
Il eſt fidele au Prince, & plus fidele à Dieu;
Il donne à chaque Loy ſa meſure & ſon lieu;
Et faiſant l'Entre-deux du Peuple & du Monarque,
Auec ſoin de chacun les intereſts il marque.
A les vnir enſemble il met tous ſes efforts;
Il ne décharne point la Teſte pour le Corps,
Et pour enfler la Teſte & la remplir de greſſe;
Il ne fait pas auſſi mettre le corps en preſſe.
Il ménage en commun leurs droits & leurs beſoins,
Et d'vn Eſprit égal leur partage ſes ſoins.
Il ſçait que c'eſt au Corps à ſouſtenir la Teſte,
Qu'à la ſeruir la main doit eſtre touſiours preſte,
Que les pieds pour ſon bien doiuent touſiours courir,
Et les deux bras ſuer afin de la nourrir.
Mais il ſçait bien auſſi, que ſur vn Corps debile,
La Teſte quoy que ſaine eſt vn poids inutile:
Que les Perles & l'Or la couronnent en vain,
Si le ſang manque au bras, & les nerfs à la main:
Et qu'il luy ſert de peu qu'elle ayt cent Diademes,

Si ſes membres reduits à des langueurs extremes,
Succombent ſous le faix d'vn honneur ruineux,
Qui les charge & ne peut ſe conſeruer ſans eux.

IV. La Prudence & la Diſcretion à impoſer les Charges.

Mon Miniſtre informé de ces hautes lumieres,
Gardant auecque ſoin les Prouinces entieres,
Et du Prince par là gardant l'auctorité,
N'en exigera rien que par neceſſité:
Et ne tirera point d'vne main inhumaine,
Le ſang auec le lait, la chair auec la laine.
On luy permet de tondre & non pas d'écorcher;
Il doit cueillir le fruit, & non l'arbre arracher.
L'Epargne que remplit la décharge des veines,
Qui ruiſſelent des monts auſſi bien que des plaines,
Tarit dés le moment que puiſant à pleins ſeaux,
On veut iuſqu'à la boüe en ſecher les ruiſſeaux.
Il faut auec ménage entretenir leur courſe,
Et non pas leur oſter tout eſpoir de reſſource.
Il faut & ſçauoir prendre & ſçauoir s'abſtenir:
Ce qu'on donne au preſent, on l'oſte à l'aduenir:
Et de l'Auidité la rapine indiſcrette,
Fait d'vn an d'abondance vn ſiecle de diſette.
Tu le ſçais bien, BAILLEVL, *vn Impoſt relaſché,*
A ſouuent tout vn Peuple au deuoir attaché.

Deux gouttes de ſueur à propos épargnées,
Ont auecque les Cœurs les Prouinces gaignées:
Et par leurs Cœurs gaignez on a plus auancé
Qu'on n'euſt fait par leur Sang dans l'Epargne amaſſé.
Ta conduite en cela moderée & diſcrette,
S'accommode aux beſoins de l'Eſtat qu'elle traitte:
Tu n'appeſantis point d'vn Eſprit inhumain,
Sur ce grand Corps debile & ton cœur & ta main:
Tu ne mets qu'à regret la lancette en ſes veines,
Tes pleurs ſuiuent ſon ſang, & ſes maux ſont tes peines.
Et ſi les mauuais Temps & leurs neceſſitez,
Te laiſſoient le pouuoir d'vſer de tes bontez,
On te verroit bien-toſt & reparer ſes pertes.
Et reſſerrer le cours de ſes veines ouuertes.
Auſſi ne veux-tu pas gaigner ſur la Saiſon:
Tes ſoins ſont pour l'Eſtat & non pour ta Maiſon:
Et ces deux grands Demons, l'Argent & la Fortune,
Qu'vne foule de vœux à toute heure importune,
De leurs charmes iamais n'ont ébloüy tes Sens;
Ny vû ſur leurs Autels vn grain de ton Encens.

Ie veux qu'encor icy mon Miniſtre t'imite, V. La Generoſité ſans intereſt, & l'Integrité
Que le bien de l'Eſtat ſes intereſts limite:
Et que de la Fortune, & de l'Argent vainqueur,

sans Avarice. De leurs pieges trompeurs, il éloigne son cœur.
Vn auare Ministre est le commun Corsaire
Des Riches des-ja faits & des Riches à faire;
Il est le Dragon craint du Petit & du Grand;
Des plaines & des monts il est le mauuais Vent;
Sa Maison est l'Ecueil où sans bruit, sans orage,
Sans fleuues débordez les Villes font naufrage.
Il met sans secheresse & sans sterilité,
La famine par tout & la necessité:
Et l'Exterminateur, l'Ange de qui l'épée
Des Pechez & du Sang des Peuples est trempée,
Gaste moins de Pays par les saccagemens,
Destruit moins de maisons par les embrasemens,
Et de tous ses trois Fleaux moins de Peuple consume,
Que l'Auare ne fait d'vn seul trait de sa plume.
Aussy je le compare aux Cometes affreux,
Qui rouges des malheurs qu'ils traisnent aprés eux,
Et nourris des esprits, & du sang de la terre,
Annoncent aux Humains la Famine & la Guerre.
Cependant ces Flambeaux joints aux Astres des Cieux,
Les traittent de pareils & font les glorieux:
Et pour entretenir leurs funestes lumieres,
Epuisent la Campagne, épuisent les Riuieres;
Tirent toute l'humeur des deux bas Elemens;

Enleuent

Enleuent de leur ſein leurs plus purs alimens;
Sucent auec ardeur juſques aux moindres veines,
Des plus fertiles monts & des plus graſſes plaines;
Et ſignalent par tout d'vne triſte clarté,
La Famine du Monde & leur auidité.
Ainſi dans vn Eſtat vn auare Miniſtre,
Pareil à ces Flambeaux de lumiere ſiniſtre,
Fait de ſon intereſt le Droit & la Raiſon;
Epuiſe le Public pour emplir ſa Maiſon;
D'vn éclat vſurpé couure l'éclat des Princes;
Du luxe de ſa table affame les Prouinces;
Et fait luire chez ſoy parmy l'Or & l'Azur,
La ſubſtance du Peuple & ſon ſang le plus pur.
Mais celuy qui vainqueur de l'infame Auarice,
Ne va qu'au Bien public par cette noble lice;
Et de Pere commun ſçait remplir comme toy,
Les glorieux deuoirs dans cét illuſtre employ:
Celuy-là dans l'Eſtat, n'eſt pas comme vn Comete,
Miniſtre infortuné de mort & de diſette.
Il eſt comme vn Soleil, pompeux diſtributeur
De fruits & de beaux iours, de calme & de bon-heur.
On ne le verra point faire le magnifique,
Des miſeres du Temps & de la faim Publique:
Comme il leue à regret, ce qu'il leue il le rend,

Et par diuers canaux ſur l'Eſtat le répand:
D'Hommes & de Rampars il en ceint les frontieres;
Aux torrens étrangers il en fait des barrieres;
Il en fait équipper. pour la garde des Ports,
Des Baſtions flottans & de mobiles Forts:
Il en nourrit les Arts, ces modeſtes Nourrices
Des Graces, des Vertus, des honneſtes Delices.
Et les Impos qui vont en ſes coffres par grains,
Changez par la vertu de ſes fideles mains,
Sur le Peuple & le Roy, quand la matiere eſt preſte,
Retournent en Richeſſe, en Victoire, en Conqueſte.
Ainſi l'Aſtre Intendant des Ans & des Saiſons,
Diſpenſe les vapeurs & les exhalaiſons,
Ces humides tributs que pour le bien du Monde,
Il leue également ſur la Terre & ſur l'Onde.
Il n'en abuſe pas à faire nuict & iour
Des feſtins ſuperflus aux Aſtres de ſa Cour;
A peupler ſes Maiſons de nouuelles figures;
A couurir ſes cheuaux & ſon Char de dorures.
Il en forme la foudre, il en forme l'éclair,
Il en nourrit les Vents ſur les Eaux & dans l'Air;
Il en fait des eſprits & du lait aux Riuieres;
Il en tire des fruits les fecondes Matieres;
De Diademes vers il en pare les Monts;

Il en dore les champs de fertiles moissons;
Et sans en rien garder pour ses propres vsages,
Répand le tout en grains, en vins, en pasturages.

Mon Ministre vainqueur des auares desirs,
Doit encor surmonter le Luxe & les Plaisirs.
Ie ne veux pas qu'il soit ny vilain ny Cynique;
Ie luy veux le Cœur grand, & la main magnifique.
Mais ie ne luy veux rien d'insolent ny de vain;
Rien qui frappe les yeux de l'orgueil de son train;
Et fasse soupçonner la credule Commune,
Que du sang de l'Estat il enfle sa Fortune.
Le Peuple a l'Ame basse, & le Cœur enuieux;
La grandeur & l'éclat blessent ses mauuais yeux:
Il ne voit point de pourpre, il ne voit point de soye,
Qu'il n'accuse de sang, & ne blasme de proye.
Tous les Riches qu'il voit de pompe enuironnez,
Luy semblent des Dragons sanglans & couronnez.
Il murmure de tout, de tout il se lamente,
Tout le bien qu'il n'a pas l'affame & le tourmente.
Il maudit aujourdhuy les carosses des Grans;
Il maudira demain leur suitte & leurs clinquans:
Et si la secheresse apporte la Famine,
Ou s'il vient vn torrent qui les bleds déracine,

VI. La Modestie & la Frugalité.

Il impute aux excez des Riches débauchez,
La Famine venuë, & les bleds arrachez.
Le Ministre auisé, qui connoit le Vulgaire,
Bien loin d'aigrir ſes maux par vn Luxe contraire;
Et de faire d'vn train ſuperbe & renommé,
Vn ſomptueux ſcandale au Bourgeois affamé;
Maintiendra ſa Maiſon d'vne iuſte balance,
Entre la ſale épargne & la folle dépenſe.
L'Honneur, la Modeſtie, & la Frugalité,
En chaſſeront le Luxe auec la Vanité:
Et ſans y tourmenter les Arts, ny la Nature,
Tout ſeul il en ſera l'éclat & la parure.
Ces ornemens, BAILLEVL, *qui ſont du Siecle d'or,*
Durent en ta Maiſon, & la parent encor.
Sans richeſſes elle eſt richement aſſortie,
De ton Nom, de ta Gloire, & de ta Modeſtie.
Et les ſuperbes Lits, les Tapis étrangers,
Les Vaſes d'Outre-mer, les Iardins d'Orangers,
Les Fleuues ſuſpendus, & les Bois domeſtiques,
Apres toy n'y ſeroient que des beautez ruſtiques.
Celle qu'vn chaſte Hymen a liée auec toy,
Se fait de ton exemple vne agreable Loy.
Elle s'eſt de tout temps pour l'Honneur declarée;
On ne la vit jamais que de Vertus parée:

Et

Et non moins par ses mœurs que par son amitié,
Elle montre qu'elle est ta seconde moitié.
Il en est qui d'orgueil follement enyurées,
N'ont rien de qualité que les riches liurées.
L'équipage, le train, les Valets reuestus,
La dépense & le jeu sont toutes leurs Vertus.
Iour & nuict on les void comme vaines Idoles,
Se paistre de vapeurs sans tenuë & friuoles;
Flairer icy des fleurs, humer là de l'encens;
Prendre tous les appas de l'Esprit & des Sens;
Changer deux fois le iour d'habit & de visage,
Et joüer à chaque heure vn nouueau Personnage.
Mais cette Femme forte a sa grace d'ailleurs;
Son lustre est de sa vie, & non de ses couleurs:
Et telle qu'on la voit dans la pompe du Louure,
Brillante des éclairs dont ta gloire la couure;
Telle on la vit jadis en ton éloignement,
Eclairer son Desert & ton bannissement.
Elle fut en ce point au grand Planete égale,
Qui sur le Louvre, au Cours, à la Place Royale,
Où de tant de Beautez luy-mesme est éclairé,
N'a pas plus de lumiere, & n'est pas mieux paré;
Qu'en ces Costes de Mer, où ses rayons ne voyent
Que des rochers noyez, & des flots qui les noyent.

Vne Femme qui fait de l'Honneur son atour,
Et qui fut au Desert ce qu'elle est à la Cour,
Ne se verra iamais par sa vaine dépense,
Des Peuples appauuris consumer la Substance:
On ne la verra point par vn superbe abus,
Se parer de l'Epargne & joüer les Tribus:
Et le sang du Soldat reduit en Pierreries,
Les sueurs du Public mises en Broderies,
Ne seront pas sur elle & dessus ses habis
Des meurtres éclatans & des pechez de prix.

VII. La Debonnaireté & les Vertus agreables.

Cette Frugalité, BAILLEVL, *est necessaire,*
A qui veut conseruer l'estime du Vulgaire:
Mais il faut qu'il ajouste à la Frugalité,
La Douceur, la Clemence, & la Facilité.
Ces Portiers arrogans, & ces superbes Gardes,
Hautains de leurs couleurs & de leurs hallebardes,
Etablis pour fermer la porte aux Demandeurs,
En repoussent l'Amour, les Graces & les Cœurs.
Que le Ministre donc soit d'vn accez facile;
Que son Hostel ouuert, sa parole ciuile,
Sa mine sans orgueil, son Cœur sans passion,
Son accueil obligeant sans affectation,
Et tous ces hameçons où les Ames s'accrochent,

Luy gaignent les Esprits de tous ceux qui l'approchent.
Qu'il oste comme toy par son humanité,
La rigueur & l'enflure à son Auctorité.
N'as-tu pas au Credit allié la Clemence?
Ciuilisé le Fisq & la Sur-intendance?
N'as-tu pas corrigé les aigreurs du Deuoir,
Accordé la douceur auecque le pouuoir?
Et dedans les Tributs remettant la Iustice,
Fait du Thresor public la Grace Directrice?
Cette humeur debonnaire est l'hameçon des Cœurs,
Et le signe certain des solides Grandeurs.
Le genereux Palmier, des bras & du fueillage,
Presente aux Voyageurs ses fruits & son ombrage.
Les plus petits Buissons semblent se herisser,
Et pour peu qu'on les touche ils cherchent à blesser.
On ne voit sur la Mer ny Gardes ny Barrieres,
Qui defendent l'entrée aux petites Riuieres;
Et d'vne face égale elle reçoit les eaux,
Du Tage au grauier d'or, & des pauures Ruisseaux.
Le Ciel a des clartez sereines & fertiles,
Ses regards sont benins, & ses chaleurs vtiles:
Les Hostes lumineux de ces Globes ardents,
Sont sans bile & sans fiel, sans ongles & sans dents:
Le Feu superieur ne fait point de fumée,

Sa Sphere n'est iamais de foudres allumée:
La Teste du grand Monde est tranquille & sans bruit,
C'est des pieds que nous vient ce qui gronde & qui nuit.

VIII. L'Actiõ trãquille & sãs bruit.

Le Ministre formé sur ce parfait Modele,
A l'adresse ajoustant le courage & le zele;
Dans le Corps de l'Estat sans bruit gouuernera,
La Sphere qu'à ses soins le Prince aßignera:
Et d'vne égalité majestueuse & forte,
Quelque Monde qu'il meuue, & quelque faix qu'il porte,
Fust-il außi chargé qu'on feint que l'est Atlas,
Il n'en fera iamais l'empreßé ny le las.
La Grandeur est modeste, & se meut en silence;
La foiblesse s'agite auecque violence.
Au lieu que les Ruisseaux sujets à déborder,
Ne sçauroient remüer vn caillou sans gronder;
Ces Fleuues Souuerains dont les ondes fertiles,
Engraissent la Campagne, & nourrissent les Villes,
Marchent sans faire bruit sous le poids des Vaisseaux,
Et roulent grauement la masse de leurs eaux.
Et les Anges moteurs de ces Scenes roulantes,
De ces Spheres d'Esprits & de feux éclatantes,
Conduisent les Saisons, font le iour & la nuit,
Et gouuernent les Cieux auecque moins de bruit;

Qu'vn

Qu'vn chetif Artisan n'en fait auec la roüe,
Qui donne la figure à ses vases de boüe.

Pour acheuer, BAILLEVL, mon Ministre parfait,
Et sur ta Vie encor prendre ce dernier trait:
Il faut que son appuy soit des graces celestes;
Toutes autres faueurs sans elles sont funestes.
Que Dieu dans son Esprit soit au dessus du Roy,
Que la Morale y soit subalterne à la Foy.
A son dam il feroit vne folle entreprise,
Si pour hausser le Louure il abbattoit l'Eglise:
S'il vouloit éleuer le Thrône sur l'Autel;
Et sur l'Estat du Ciel mettre vn Estat mortel.
Vn Ministre Chrestien doit agir d'autre sorte,
Que n'agit en Turquie vn Bacha de la Porte.
Il doit auoir appris, que les Sceptres des Roys,
Ne sont que des fragmens separez de la Croix;
Que ces Bandeaux fameux par leur Pouuoir supreme,
Ne sont que des filets d'vn plus haut Diademe;
Que de l'Ombre de Dieu leur Pourpre a sa clarté;
Que de sa Face ils ont toute leur Majesté;
Et que sans employer ny foudres ny tempestes,
Sans lascher de quarreaux ny de feux sur leurs testes,
En cessant de leur luire, il peut les effacer:

IX. La Pieté, & le zele de la Religion.

Il peut d'vn souffle seul leur Fortune casser;
Et la precipitant de sa superbe niche,
En mettre vne en sa place, & plus grande & plus riche.

Que le Ministre donc, BAILLEVL, soit comme toy,
Autant fidele à Dieu que fidele à son Roy.
Qu'au Louure, qu'à l'Eglise il serue de Colonne:
Qu'Appuy de la Thiare, appuy de la Couronne,
Il garde de mesler dans vne mesme main,
Le Sceptre à l'Encensoir, le Diuin à l'Humain.

X. La Preuoyãce des disgraces, & la preparatiõ à les souffrir auec courage.

Qu'il sçache enfin qu'il est en vn Pays d'Orages;
Qu'aux plus belles Saisons il s'y fait des nuages;
Que la gresle & la foudre y frappent chaque iour,
Ou quelque Arbre fameux, ou quelque grande Tour.
Qu'il voye auec esprit, tant de hautes Statuës,
Qui sont en son chemin par le vent abbatuës;
Et qui n'ont rien laissé de leurs vains ornemens,
Qu'vne Poudre celebre, & de Riches fragmens:
Qu'il mesure leur chutte, & lise dans leur cendre,
Ce qu'il doit éuiter, & ce qu'il peut attendre.

Mais la Vertu, BAILLEVL, te menant par la main,
L'Orage déchaisné t'attaqueroit en vain.

Quoy qu'il faille paſſer, Torrent ou Precipice,
On verra pour t'aider deſcendre la Iuſtice:
Et d'vn double lien fait d'vn acier fatal,
Ta Fortune attachée aprés ſon Piedeſtal,
Ne branſlera iamais, pour Vent ny pour Tonnerre,
Des Coups qui font tomber les Idoles de Terre.

EPISTRE

EPISTRE PANEGYRIQVE.

A MONSEIGNEVR LE PRESIDENT DE BAILLEVL SVR-INTENDANT DES FINANCES, & Chancelier de la Reyne Regente.

MONSEIGNEVR,

Les deux Amours que ie vous presente, ne sont pas des Supplians importuns, ny des Solliciteurs d'employs & de recompenses. Ils n'ont point de pretentions à vous recommander ; & le bon accueil que vous leur ferez ne coustera rien au Roy ny au Public. Ce sont deux Freres desinteressez, qui sont en possession de faire du bien à tout le monde; & n'en receuoir de personne que pour le rendre. Ils sont aussi les Souuerains Intendans des Deuoirs agreables & honnestes, & les Directeurs generaux des beaux Offices de la vie. Le commerce des Graces est de leur institution; ils ont étably les Bienfaits & la Reconnoissance parmy les Hommes; & c'est à leur nourriture & à leurs soins, que nous deuons l'Amitié vertueuse & la Charité Chrestienne.

I'ay crû, MONSEIGNEVR, qu'estant de si grand seruice, & si bien connus de vous, ie les vous pouuois presenter pour estre témoins de vostre vie; & vous demander pour eux vne place dans vostre Cabinet, entre les Spectateurs de vos Exemples domestiques. Vous sçauez qu'ils ne considerent en vous que vostre Vertu; & qu'ils vous estoient destinez auant que la Fortune luy eust fait satisfaction du passé, &

qu'elle se fust reconciliée auec elle. Autrefois ils fussent allez la chercher en exil ; & pour elle ils eussent abandonné le Monde, & renoncé à toutes ses Idoles. A present qu'elle est en la place qui luy est dûë, ils se presentent deuant elle, non pas auec plus d'estime ny plus de respect, mais auec plus de repos d'esprit & plus de joye. Aussi est-ce pour le Public, & non pas pour elle que s'est faite la reuolution que nous voyons; elle estoit la mesme au Desert qu'elle est à la Cour & dans les Affaires. La Fortune qui l'a rapprochée ne luy a pas adiousté vn seul rayon; elle ne luy en auoit pas osté vn seul en la releguant; & ce que nous appellions dernieremẽt son Eclipse, ce qu'auiourd'huy nous appellons son Eleuation, & son Midy, sont des changemens qui se sont faits en nos yeux, & non pas en sa lumiere.

Il est certain, MONSEIGNEVR, que vostre vie a esté par tout également lumineuse, quoy qu'elle n'ait pas esté par tout également exposée aux yeux du Public. Il n'y a point de degré d'Honneur en la Robbe, où vous n'ayez laissé de l'éclat & quelque teinture de gloire. La porte vous en fut ouuerte par Henry le Grand, qui voulut que vostre premier pas fust sur les Fleurs-de-lys, & que vostre Ieunesse parust sur les rangs des Sages & des Vieillards de son Regne. Le iugement d'vn Prince si entendu en la connoissance des Hommes, vous valut vn Acte public, & vous fut vne Lettre de maturité auancée & fructueuse dez vostre Printemps. Il ne voulut pas neantmoins qu'vne capacité si tost faite & si polie, fust continuellement tourmentée par des Procez & des Parties : il l'appelloit de temps en temps à sa Conuersation familiere, afin de luy oster ce que la Chicane qui est naturellement contagieuse, luy pouuoit auoir laissé de rude & d'impur : & vous partageant entre le Palais & le Cabinet, il laissoit tout le

bon

bon Iuge au Peuple, & retenoit pour ſoy tout l'Honneſte Homme. Il n'y eut iamais de plus habile Maiſtre que ce Prince, ny de main plus propre que la ſienne à faire des Hommes extraordinaires. Toutes choſes en luy eſtoient inſtructiues; ſon repos meſme auoit de la dignité; tous ſes diuertiſſemens eſtoient ſerieux & heroïques; & iuſques dans le ieu il ne luy tomboit pas vne parole de la bouche, qui ne fuſt ſpirituelle & ſçauante ſans eſtude.

Vne ſi excellente nourriture, MONSEIGNEVR, vous a eſté vne ſeconde naiſſance, qui a mis le dernier trait aux bons commencemens de la premiere; & a donné à vne riche étoffe vne forme encore plus riche. Vous auez la gloire d'auoir eſté formé de la meſme main qui a acheué de polir la France, & luy a oſté ce qui luy reſtoit de l'ancienne Gaule: & cette ciuilité qui vous eſt ſi naturelle, & qui a des agrémens ſi purs & ſi peu eſtudiez; cette generosité qui est à vostre Pourpre vne si visible teinture de bon sang; & generalement tout cet Honneste Homme que nous admirons en vous, est l'ouurage de Henry le Grand, non moins que les Arts qu'il nous a donnez, & les Sciences qu'il a rétablies.

Les inclinations de ce Prince ne moururent pas auec luy, elles passerent au feu Roy son Fils, & iusques à ce qu'il s'éleua de mauuais Vents & des Constellations malignes qui broüillerent la Saison, & luy osterent la veuë de vostre fidelité & de vos seruices, vous receutes de luy d'aussi glorieux témoignages d'estime & d'affection que vous en auiez receus de son Pere. Il commença par le don qu'il vous fit d'vne Charge de President au grand Conseil, & par là mesme, donnant vos exemples à cette illustre Compagnie, & vostre probité au Public, on peut dire qu'il fit trois grands presens d'vne mesme chose. Il voulut que la Police euſt ſa part de vos ſoins & de voſtre capacité auſſi bien que la Iuſtice ; & dans les Charges de Preuoſt des Marchands, & de Lieutenant Ciuil qu'il vous ordonna de prendre, on vous a veu diſcipliner la confuſion, donner de l'ordre au tumulte, & gouuerner en vne ſeule Ville quarante Nations & autant de Prouinces. Ie ne dis rien de l'Ambaſſade extraordinaire de Sauoye : la France voulut bien vous enuoyer iuſques-là, pour vous monſtrer à l'Italie ſans vous perdre de veuë : mais elle n'a iamais voulu ſouffrir que vous allaſſiez plus loin ; & qu'on oſtaſt de deuant ſes yeux vne Lumiere qu'elle croit n'eſtre née que pour elle. C'eſt beaucoup que vous ayez paſsé par toutes les Charges auec vne approbation vniuerſelle ; mais c'eſt beaucoup plus que toutes les Charges par où vous auez paſsé, ayent receu de vous le luſtre de la dignité qu'elles donnent aux autres.

Auſſi n'eſt-ce pas vne Dignité artificielle & de montre que la voſtre, ce n'eſt pas vne belle Robbe empruntée, ny vn ornement de ceremonie : elle eſt née auec vous, elle fait vne partie de voſtre Perſonne, & par elle vous eſtes Preſident de naiſſance, & ſeriez Magiſtrat dans vne condition priuée. Autrefois cette preſence agreable & majeſtueuſe, eſtoit aux premiers Roys vne Pourpre ſans teinture, & vne Couronne ſans Or & ſans Pierreries : elle eſtoit le Caractere viſible de l'ancien Sacerdoce, & l'enſeigne des Souuerains Iuges : & comme toutes les Principautez d'alors eſtoient ſur le viſage des plus Honneſtes Hommes, ils en receuoient auſſi l'inueſtiture des yeux du Peuple ; & leur majeſté eſtoit de leur Perſonne, & non pas du nombre des Huiſſiers ny de la foule des Exempts & des Gardes.

De ce temps-là, MONSEIGNEVR, il ſe fuſt fait de vous pluſieurs Souuerains ;

rains; vous eussiez regné par autant de titres que vous auez de qualitez qui attirent; & chacune de vos Vertus eust eu ses Sujets & sa Iurisdiction particuliere. La foule eust esté grande de ceux qui se fussent sousmis à cette Authorité du visage & de la parole, à cette Souueraineté naturelle que vous n'auez pas prise sur les Fleurs-de-lys, & dont vous ne vous defaites pas en quittant le Mortier, & la Robbe d'écarlatte. Mais asseurément la multitude n'eust pas esté moindre de ceux qui eussent couru aprés la Douceur & la Ciuilité, qui sont l'Esprit de la bonne mine, qui donnent de l'agrément à l'Authorité, & luy ostent ce qu'elle pourroit auoir de hautain & de farouche.

Vous n'ignorez pas, MONSEIGNEVR, combien ces Vertus officieuses & complaisantes sont necessaires à ceux qui iugent, & à ceux qui commandent. Le ioug de la Iurisdiction, pour parler en termes sacrez, a plus besoin qu'aucun autre, qu'on l'adouciſſe d'vn peu d'huile; il eſt aſſez peſant de ſa matiere ſans qu'il luy vienne vne ſeconde peſanteur de la main qui l'impoſe : & quelquefois il y a moins de plaintes de l'Iniquité flateuſe & accorte, que de la Probité ſuperbe qui fait droit en rebutant, & égratigne ceux qu'elle conſerue. Quant à vous, MONSEIGNEVR, bien loin d'affecter cette ſeuerité importune & hautaine, qui ſemble eſtre le mauuais droit de toutes les cauſes, vous auez la gloire d'auoir appris la Complaiſance à l'Authorité, d'auoir ciuilisé la Magiſtrature, & reconcilié l'Equité auec les Graces.

Ceux-là ſe ſont trompez qui ont crû que le Conſeil & le Palais leur fuſſent des Regions inconnuës; vous les y auez introduites auec vous; elles ont agi dans toutes les affaires que vous auez maniées; elles ont eſté de toutes vos opinions, & ont contribüé à tous vos Arreſts, & à toutes vos Ordonnances.

C'eſt vne adreſſe qui eſt bien rare, & que vous n'auez pas appriſe dans le Code ny dans le Digeſte ; que vous ſçachiez vous diuiſer ſi également entre les Cauſes & les Parties, que toute voſtre Iuſtice ſoit d'vn coſté, & toutes vos Ciuilitez de l'autre : que vous puiſſiez gagner le cœur de chacun ſans rien donner de voſtre deuoir : & qu'en vous l'Honneſte Homme ſoit tellement confondu auec le Iuge, que vous n'ayez iamais condamné perſonne ſans luy faire grace.

Il falloit auſſi vn Chancelier de cette humeur à la meilleure Reyne du Monde : des mains vn peu rudes & moins officieuſes euſſent affoibly la vertu de ſes Seaux qui ne ſont que des Caracteres de faueur : & puis qu'elle nous a eſté donnée pour nous faire vn Regne de Paix, & vn Siecle d'indulgence & de ſalut ; vn Miniſtre de rigueur & de ſeuerité luy ſeroit auſſi mal propre, qu'vn Vautour ſeroit mauuais Miniſtre d'vne Colombe. Les Graces elles-meſmes, ſi elles eſtoient ſur le Thrône, ne regneroient pas plus agreablement qu'elle fait, ny n'exerceroient vne Souueraineté plus douce & plus obligeante : elle n'a pas fait vne action depuis qu'elle gouuerne, qui n'ait ſauué quelque Mal-heureux ; elle n'a pas dit vne parole, qui n'ait ouuert quelque priſon, ou rompu quelque chaiſne : & ſi les offrandes de ceux qui l'ont reclamée auec ſuccez eſtoient penduës autour de ſon Thrône, il y a peu d'Autels où il s'en viſt de plus celebres & de plus magnifiques.

Mais toutes ces bontez, MONSEIGNEVR, ont eſté particulieres, voſtre promotion au Miniſtere a eſté vne grace generale, & vne largeſſe qui s'eſt faite à tous les Peuples ſans rien tirer de l'Epargne. Ils ſe perſuadent que tout ce que vous leur conſeruerez leur eſt donné : & la reſioüyſſance eſt vniuerſelle en tout le Royaume, de ce que

cette

cette douceur si entiere, & cette probité si humaine & si indulgente, qui vous ont tousiours accompagné au Palais, vous ont suiuy au Conseil, & seront à l'aduenir auec vous Directrices des affaires du Prince, & Sur-Intendantes de ses Finances. Il ne se fit iamais vne élection plus iuste ny plus generalement approuuée : elle est bien de la Sagesse & de la Iustice de nostre grande Reyne ; mais elle n'est pas moins des souhaits & des prieres de tout le Peuple: & en tout le Royaume il ne se pouuoit choisir de Citadelle si bien defenduë & si bien munie, où la Substance de l'Estat & les Interests des Particuliers pûssent estre plus seurement qu'en vostre Maison. De tout temps elle a esté fermée à l'Auarice, à l'Ambition, & au Luxe, à ces Demons insatiables & prodigues, qui font des sterilitez publiques d'vne abondance particuliere & illegitime ; qui ont ruiné plus de Familles, & fait plus de Pauures que les Imposts anciens ny les modernes; & sont plus à craindre que les Flamans émeus, ny l'Allemagne débordée.

Vous auez tousiours méprisé les Richesses, MONSEIGNEVR, & les considerant comme des dons d'auanture, qui tombent au hazard des mains d'vn Aueugle, & qui ne sont pas des marques de merite en ceux qui les ramassent; vous vous estes tenu à la Vertu, & n'auez voulu estre riche que de ses Biens, qui sont à vray dire les seules richesses qui ne craignent point les Commissaires, ny ne sont de la Iurisdiction des Chambres ardentes. L'Ambition n'a pas eu plus d'entrée chez vous que l'Auarice; & vous n'auez pas eu moins d'indifference pour les grandes Charges que pour les grands Biens: vous les auez considerées comme des Bases qui sont capables de Figures de Terre non moins que de Figures d'Or, & qui donnent bien l'éleuation à la Statuë, mais ne luy donnent pas le prix ny le merite.

Et bien loin d'y aller par les voyes que tiennent ceux qui heurteroient toute ſorte de deuoirs, & des corps meſmes de leurs Peres ſe feroient des degrez pour s'y éleuer ; il a fallu que deux grands Roys & vne grande Reyne vous y ayent mené comme par la main, encor n'y auez vous monté que par la ſubmiſſion que vous leur auez renduë; & ſi vous en eſtiez crû, on changeroit l'inſcription de la derniere, & on luy oſteroit ce titre de Sur-Intendant qui peſe à voſtre modeſtie.

De ce coſté-là donc, MONSEIGNEVR, les Finances ne pouuoient auoir vn Adminiſtrateur plus ſeur ny plus fidelle : Et la France à qui voſtre moderation eſt ſi connuë, ne craindra point que l'Auarice ny l'Ambition les detournent des nezeſſitez de l'Eſtat à vos deſſeins Domeſtiques. Vous n'aurez point d'autres affaires que celles du Prince, ny d'autres intereſts que ceux du Public ; il ne vous ſera iamais reproché que vous ayez agrandy vostre Maison des ruines du Royaume ; il ne se verra point d'Imposts de vostre inuention, & lâchez par vos ordres, courir les Sujets de vostre Maistre, & vous conquerir sur eux de petites Couronnes, & des Seigneuries égales à des Prouinces. Vostre Noblesse qui est connuë n'a pas besoin de Conquestes si illegitimes : d'ailleurs estant sage comme vous estes, il n'y a point de Vertu si obscure ny de si peu de nom, que vous ne preferassiez à vn Vice à qui on donneroit de l'Altesse & de la Majesté ; & ce ne sera iamais vostre Fortune qui sera contée entre les Constellations malignes, & les Vents qui font les ruines publiques.

Ie ne dis rien de vostre Modestie, ny de vostre Frugalité, qui se sont declarées si solemnellement contre les Vices du Temps : elles seront non moins que vos autres Vertus, de fidelles Gardes des Tresors publics & du

Bien

Bien des particuliers. Les plus redoutables Ennemis de ce Royaume ne ſont pas ceux qui font le plus de peur, & contre qui il s'équippe des Flottes, & ſe leue des Armées. Nous en auons de domeſtiques & d'agreables, qui ſont plus à craindre que les étrangers & les terribles : ils rauagent les Prouinces ſans faire de meurtre ny mettre le feu à la Campagne, ſans prendre de Places ny gagner de Batailles. C'eſt le Luxe & ſes Suiuans, qui font des ruines ſans orage & ſans embraſement, & cauſent des naufrages ſans tempeſtes. Il eſt vray qu'ils font tomber toutes les Maiſons où ils entrent : mais quand la colere de Dieu ſur vn Eſtat, ſouffre qu'ils s'emparent des Miniſtres du Prince, il n'y a rien qui ſe ſauue de leurs mains, ils emportent les Villes toutes entieres auec la Campagne.

Autrefois le Peuple Conquerant de la Terre fut défait par de ſemblables Ennemis : il trouua vn ſecond

Hannibal & de ſecondes Gaules en ſon Luxe & en ſes aiſes: & les vices de l'Aſie eſtant entrez dans Rome auec ſes Richeſſes; l'Yuoire, l'Or & la Porcelaine, les Statuës & les Peintures, firent ce que le Fer & les Armées n'auoient pû faire: & les miſeres des Nations vaincuës furent vangées par les Delices de la Nation victorieuſe.

Les meſmes deſordres arriueront en ce Royaume, toutes les fois que les Finances auront des Adminiſtrateurs delicieux & prodigues. On verra les Armées des Prouinces affamées par les tables de Paris; on les verra défaites à coups de dez; on les verra diſſipées par des Colations & des Comedies: les Fortifications des Places frontieres ſeront miſes en Theatres, en Galeries, & en Cabinets; elles ſeront portées en Perles & en Diamans par les Femmes des Financiers: & ce ſeront les Partis mal menagez, & non pas les Allemands ny les Croates, qui feront le degaſt de la Campagne.

Nous n'auons rien de pareil à craindre de voſtre adminiſtration, MONSEIGNEVR, aſſeurément cette Frugalité ſi pure & ſi ciuile, qui de tout temps a eſté l'Intendante de voſtre Maiſon, ne voudra pas ſoüiller ſa bouche & ſes mains au ſang du Peuple : elle en ménagera religieuſement & auec ſcrupule toutes les gouttes : & bien loin de le diuertir à des vſages priuez par vn ſacrilege d'Eſtat ; bien loin de le mettre en des Riuieres artificielles & domeſtiques, & en des Fontaines faites par force, & contre nature ; bien loin d'en arrouſer des Bois Eſtrangers & apportez d'outre Mer ; elle ne ſouffrira pas ſeulement qu'il y ayt chez vous vne feüille d'arbre qui en ſoit tachée.

En cela, MONSEIGNEVR, non ſeulement vous ménagerez les intereſts du Prince, & ceux des Sujets ; vous profiterez encor aux Miniſtres de ce Regne, & à ceux des Regnes auenir.

Il s'en treuue assez qui ont le Cœur grand, l'Esprit fort & capable, & l'Intelligence bien éclairée ; mais il s'en treuue peu qui ayent les mains nettes, & la veuë assez saine pour souffrir l'éclat de l'or sans en estre ébloüis : il s'en treuue peu qui ne donnent leurs premiers soins à leur Fortune ; qui ne commencent la iournée par le culte de l'Interest qui est le Baal de ce temps ; qui ne fassent plus fonction d'Architectes particuliers que de Ministres publics ; & ne pensent dauantage à faire leurs Maisons qu'à agrandir le Louure.

On attend de vous, MONSEIGNEVR, des exemples bien contraires à ceux là : vostre Probité doit estre de plus d'vn Regne ; elle doit seruir encore aprés vous ; & comme les celebres Ouuriers trauaillent eternellement, par les mains de ceux qui copient leurs Ouurages, vous laisserez de mesme à vos Successeurs le modele d'vn

Ministre

Ministre fidele & desinteressé ; & par là vostre action estant immortelle en ce Royaume, il n'arriuera iamais de reuolution qui vous oste le maniment des affaires ; & les Sur-Intendans de probité qui vous succederont, encor aprés vostre mort ne seront que vos Commis & vos Subalternes.

Vous nous ferez donc voir par vostre exemple, MONSEIGNEVR, que l'Or n'est pas si adherant de sa nature, que par la mauuaise disposition de ceux qui le manient: que l'on peut estre sobre & s'abstenir au milieu de l'abondance : que la bonne Fortune ne fait pas tourner la teste à tous ceux qu'elle éleue ; & qu'encore que ce soit vne Maistresse dangereuse, & que pour resister à ses caresses & à ses offres, il faille vne continence plus heroïque que celle de Ioseph ; elle n'est pas inuincible pourtant, ny ne fait pecher tous ceux qu'elle sollicite.

Aussi, MONSEIGNEVR, il n'y a

que les lasches qui sont auares ; la bonne Fortune ne peut corrompre que ceux qui plient sous la mauuaise: & la fermeté auec laquelle vous receutes dernierement le coup que vous donna celle-cy, a bien appris à l'autre qu'elle n'estoit pas assez belle pour vous tenter, & qu'en vain elle y employeroit tout son fard & tous ses charmes.

Nous nous souuenons de cette Iournée, que ie ne puis appeller ny heureuse pour vous, puis qu'il y eut de l'aduersité; ny malheureuse, puis qu'il y eut du triomphe, & que vostre gloire se fit vostre disgrace. En vain vous voulûtes oster les témoins à vostre Vertu, & vaincre la Fortune en secret, pour diminuër sa honte & vostre gloire. Vne occasion si noble & de si grand exemple ne se deuoit pas perdre ; & elle se fut perduë si elle n'eut esté que le spectacle de vos Domestiques. La Renommée vous mena des Spectateurs de tous les Ordres;& vostre Constance receut des applaudissemens de tous ceux qui estoient venus preparez à plaindre vostre defaueur.

Neantmoins, MONSEIGNEVR, encore faut-il auoüer, que la gloire de cette Iournée ne fut pas toute à vous. Cette Femme forte que Dieu vous a donnée pour Compagne, eut sa part de la victoire, comme elle eut sa part du combat : elle vainquit la Fortune sans s'émouuoir contre elle, ny luy dire vne seule parole d'aigreur : elle montra qu'elle auoit la force des Courageuses & des Constantes, aussi bien que la force des Pudiques & des Frugales: & comme auparauant elle auoit donné vne Cornelie à la France ; en cette occasion aussi, le desespoir & le sang exceptez, elle luy donna vne Arrie & vne Pauline.

Ce iour là donc ne vous fut pas vn iour d'Exil, il vous fut vn iour de Triomphe : dés le moment que vous ſortites, vous fuſtes reclamé en toutes les Maiſons d'honneur; vous deuintes l'ordinaire de tous les Cabinets, & preſidaſtes à toutes les Aſſemblées. On n'ouyt iamais parler d'vn Relegué moins abſent ny mieux accompagné: vous demeuraſtes en tous les cœurs, & en toutes les bouches; & on crût que la Pieté, la Iuſtice, la Generoſité, la Courtoiſie, & toutes les autres Vertus eſtoient ſorties auec vous. Certes elles furent bien generalement regrettées de tout le Monde; mais ie ſuis témoin que les regrets & les deſirs de tous vos amis, allerent aprés cette Amitié ſi pure & ſi genereuſe, qui nous a fait voir en ce Siecle d'Intereſt & de corruption, vn exemple du bon Temps, & de la primitiue Sageſſe.

I'auoüe, MONSEIGNEVR, que ie l'ay aymée dans les crayons qu'ils m'en ont faits; & qu'auant que i'euſſe l'honneur d'eſtre connû de vous, elle m'auoit déja gagné à voſtre ſeruice.

I'honore

l'honore comme ie dois sur vostre Robbe d'écarlatte, la lueur & la teinture de l'Authorité du Prince ; ie respecte son nom dans vostre Ministere, & son Image dans les Thresors qu'il vous a confiez. Neantmoins MONSEIGNEVR, si vous n'estiez que President & Sur-Intendant des Finances, mon estime seroit fort superficielle; elle seroit de vostre Robbe & de vos Titres, & non pas de vostre Personne ; & en cét estat là, vous n'auriez guere plus de moy, qu'en auroit vne Figure bien peinte & éleuée sur vne riche Baze. Mais vous auez quelque chose de propre, qui est plus éclatant que vostre Pourpre, & que ie prise plus que les Thresors de quatre Royaumes. Vous auez toutes les qualitez d'vn parfait Amy, & d'vn Homme de Bien ; & i'estime plus vn Homme de Bien, & vn parfait Amy, que toutes les Idoles que peut faire la Fortune, de quelque Or qu'elle les pare, & ſur quelque Autel qu'elle les éleue.

C'eſt donc à ce parfait Amy, MONSEIGNEVR, & à cét Homme de Bien, que ie preſente vn Amour Philoſophe, qui eſt l'Intendant des Amitiez heroïques ; & vn Amour Diuin, qui eſt le Directeur de toutes les Vertus, & qui donne le dernier trait à la Iuſtice conſommée. I'eſpere qu'ils me rendront la grace qu'ils reçoiuent de moy; & qu'aprés que ie les auray introduits dans voſtre Cabinet, ils m'introduiront en voſtre eſtime.

Il eſt vray que c'eſt vn lieu bien eminent pour moy, & que ie ne puis y pretendre par merite : mais la grande Mer reçoit bien les gouttes de pluye qui tombent dans ſon ſein ; & les Buiſſons non moins que les Cedres, ont place ſur la teſte des plus hautes Montagnes. Si ie n'y porte vn grand nom & des qualitez illuſtres ; i'y porteray au moins vne grande inclination à vous honorer ; & des reſpects tous purs & ſans aucune tache d'Intereſt. Les faueurs que vous me ferez, ne ſeront point faueurs de Preſident ny de Miniſtre ; elles n'auront pas beſoin d'eſtre miſes en Arreſts, ny de paſſer ſous le Seau ; & quoy que ma condition ne m'ait point laiſſé de Fortune à faire, ie croiray pourtant auoir fait vne fort bonne Fortune, ſi i'obtiens quelque part à vos bonnes graces, & s'il vous plaiſt ſouffrir que ie me die,

MONSEIGNEVR,

Voſtre tres-humble, & tres-obeïſſant ſeruiteur, PIERRE LE MOYNE de la Compagnie de IESVS.

Extraict du Priuilege du Roy.

PAr grace & Priuilege du Roy, donné à Paris le quatorziesme Ianuier 1645. Il est permis à Mathurin & Iean Henault, Marchands Libraires & Imprimeurs à Paris, d'Imprimer ou faire Imprimer, vendre & debiter, vn Liure intitulé; *Le Ministre sans Reproche, Composé par le R. P. Pierre le Moyne, de la Compagnie de Iesus*; En tel Volume & Caractere que bon leur semblera, pendant le temps & espace de six ans, à commencer du iour qu'il sera acheué d'Imprimer: & défenses à tous autres de le contrefaire, à peine de trois mil Liures d'amende, moitié appliquable à nous, & l'autre ausdits exposants: comme il est plus amplement porté par ledit Priuilege.

Par le Roy en son Conseil,

COLLOT.

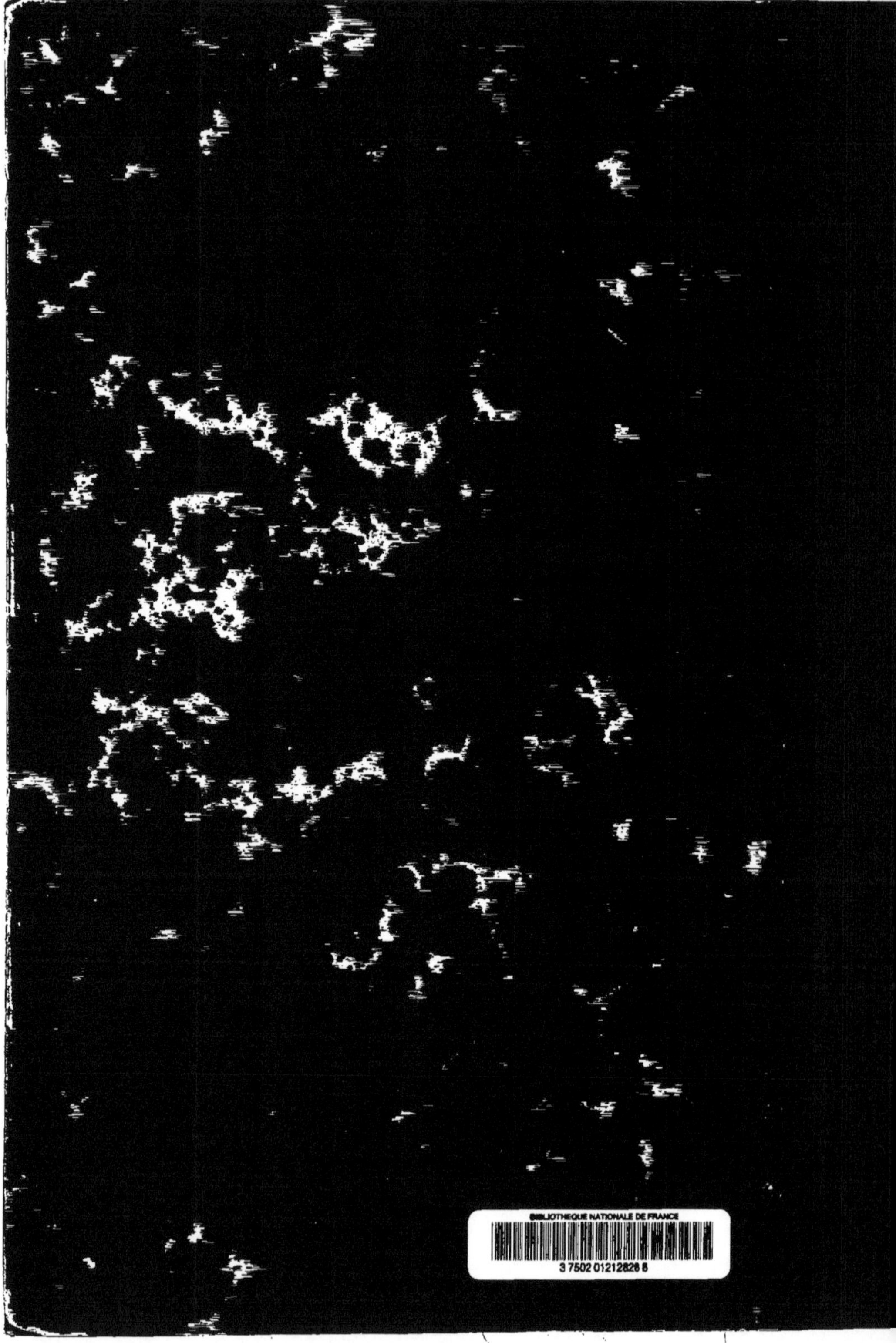

www.ingramcontent.com/pod-product-compliance
Ingram Content Group UK Ltd.
Pitfield, Milton Keynes, MK11 3LW, UK
UKHW021144230726
13926UKWH00002B/923

9 782014 442182